Cactus de agua Dulce

Cactus de agua Dulce

J. Silva

Círculo Rojo
EDITORIAL

Primera edición: agosto 2025

Depósito legal: SE 1608-2025

ISBN: 979-13-7023-357-0

Impresión y encuadernación: Editorial Círculo Rojo

© Del texto: J. Silva
© Maquetación y diseño: Equipo de Editorial Círculo Rojo

Editorial Círculo Rojo
www.editorialcirculorojo.com
info@editorialcirculorojo.com

Impreso en España — Printed in Spain

Gracias primero a Dios, que ha sido mi guía en cada paso, mi luz en los momentos oscuros. Sin Él, este camino no habría sido posible.

A mi madre, que, con su amor y su paciencia, limpió mis lágrimas saladas, convirtiéndolas en dulces. Me sostuvo cuando más lo necesitaba y me enseñó a seguir adelante.

Y a todas las personas que encontré en este viaje por el desierto, que, de una u otra forma, me acompañaron, me escucharon o me mostraron otra forma de ver la vida. Gracias por estar ahí.

Este poemario es para ustedes, con todo mi corazón.

PRÓLOGO

El desierto es representado en la Biblia no solo como un espacio físico de sequedad y soledad; sino que también se convierte en un lugar cargado de profundo simbolismo espiritual, siendo así el escenario donde se enfrentan la prueba, la purificación y el encuentro con lo divino.

Personajes emblemáticos como Moisés, Elías y Jesús vivieron momentos cruciales en el desierto. Moisés pasó cuarenta años en el desierto de Midian antes de ser llamado por Dios para liberar a su pueblo. Elías experimentó el desierto como un lugar de soledad y diálogo íntimo con Dios, donde escuchó el susurro suave entre el viento. Jesús fue tentado durante cuarenta días en el desierto, un tiempo de ayuno, reflexión y confrontación con las dudas y las pruebas.

El desierto es, pues, la prueba del alma, el abandono de lo superficial y el espacio donde el ser se desnuda y se enfrenta a sí mismo, pero, sobre todas las cosas, a Dios. Es lugar de silencio y espera, donde la fe se fortalece y renace, donde la sed física se convierte en sed espiritual. Un umbral entre el pasado y la promesa, entre la esclavitud y la libertad, un espacio donde lo visible y lo invisible se encuentran en la búsqueda de sentido y redención.

Más que un lugar, es una travesía del alma. Un espacio donde todo lo superfluo se desprende: los rostros que usamos, las seguridades que inventamos, los deseos prestados. Nos deja solos. Desnudos. Y, precisamente, en esa soledad comienza la verdadera prueba: enfrentarnos a lo que somos cuando no hay nadie más mirando.

La arena no ofrece respuestas, pero tampoco miente. Cada paso sobre ella es una renuncia y una elección. Una muerte simbólica que prepara el terreno para la visión. Porque, solo cuando el alma se vacía, puede comenzar a ver. Y, solo cuando hemos perdido el rumbo, puede revelarse la dirección. En ese umbral, nuestra anterior vida muere y se desvanece cuando corremos a los brazos de Dios, sin ninguna certeza más que esperar su tiempo en un «tiempo perfecto y todo lo que sucede bajo el cielo tiene su hora».

No es un castigo, es una iniciación. Y quien lo cruza nunca regresa siendo el mismo.

El sol devoraba el horizonte mientras ella caminaba entre dunas silenciosas. Cada paso desnudaba sus miedos, cada ráfaga se llevaba sus dudas y traía otras más. En ese vasto vacío encontró un eco: el de su verdadera voz.

«Es, pues, la fe la certeza de lo que se espera, la convicción de lo que no se ve».

Hebreos 11:1

CACTUS DE AGUA DULCE

Un día me hallé en el desierto.
Yo pensé que nunca saldría de él.
Recorría noches enteras,
buscando mis lágrimas en otra piel.

Pero en esa soledad
pude comprender
que, aun en pleno oasis,
hay algún sitio para beber.
Por lo que, un día, encontré
un cactus de agua dulce
que quitaba la sed,
pero no el hambre de algo
que aún no sé qué es.
Lo llevé entre mis manos
como quien carga un secreto,
y cada sorbo era un canto
al milagro más discreto.
Desde entonces lo guardo
donde nace la fe,
por si un día el camino
me vuelve a doler.

UNA ISLA SIN AGUA

La ausencia pesaba
y extrañaba el cuerpo también,
como una isla sin agua,
como una boca sin sed.

Pero entre las lágrimas saladas
creció una flor,
que se alimentaba del eco
de mi triste corazón.

Y, pasados los meses,
el retoño brotó
entre las más bellas flores,
el abismo de un amor.

De esos que no dañan,
sino que cuidan el ser,
que no se pueden tocar;
pero sí se sienten al no ver.

Y, así como una isla sin agua,
un milagro ocurrió:
Que, en medio del desierto,
brotó un suspiro del sol.

EL TEMPLO SIN TECHO

Por mucho tiempo busqué una ermita
en medio del desierto,
sin saber que el grandísimo habita
dentro de nuestros cuerpos.

Así que en Famara
les rezaba al sol,
a los árboles, a las plantas
y también al desamor.

Pero mi Dios convertido
escuchaba mis voces,
lo sentía en el viento
y en la sombra de la noche.

Sufrí mucho en aquel desierto,
buscándolo por todas partes;
pero mi templo sin techo
habitaba en mí desde antes.

LAS DUNAS

Montañas desérticas
donde las huellas se desvanecen,
como el dolor por la tarde
hasta que el día amanece.

Oraba hasta encontrar el camino
o escuchar su voz firme.
Dejé guiar mi destino
a su palabra sublime.

Pero aún mi corazón dolía
y la soledad pesaba mucho más,
así que aprendí que, en el desierto,
uno se suele encontrar.

¡Y a veces verte a ti mismo
es tan aterrador!
Luchar con tus luces y tus sombras
en medio del calor.

Así que caminaba las dunas
en una eterna batalla,
pero encontré la salvación
en la fuente de su palabra.

OASIS DE CRISTAL

En la vasta arena de mis días secos,
aparezco yo, un oasis de cristal,
frágil, transparente, reflejo de sueños,
con agua dulce que brota sin final.
Pero, entre la vastedad del paisaje, voces amigas
que, como milagros, llegan a mi soledad
se ponen a curar mis heridas
con ungüentos de sal y mar.
Son manos que cruzan mi piel delicada,
miradas que encuentran vida en mi luz,
almas que despiertan en la nada
y me llenan de aire, esperanza y virtud.
Cada encuentro es agua, fresca y verdadera,
que calma la sed, que cura el cansancio,
y, en este oasis de cristal que espera,
se unen caminos en un solo espacio.

LA QUE CRUZÓ EL DESIERTO

Nunca me vi capaz (he de admitirlo)
de olvidar el pasado
ni, mucho menos, de cruzar un desierto;
pero, llegado el momento, tenía que hacerlo.

Siempre creí que olvidar era cuestión fácil,
pero resultó ser como caminar el desierto
en un día de tormenta de arena:
Muchas veces vas hacia adelante y, otras tantas, te quedas fija en
la tierra.

Y, entre esos vaivenes, caminar sobre la arena.
Se hundían mis pies muchas veces,
el caminar era como entre piedras
y cactus que pican y arden, pero también florecen las penas.

Mas tenía que olvidarlo,
por más que eso costase;
atravesar el desierto
para que mi corazón sanase.

Y, en ese sol aterrador,
pude conocer a Dios,
a un Dios bondadoso
que pone tiritas al dolor.

Nada volverá a ser igual,
pero nunca lo es.
La tierra que bajo nuestros pies se pisa
se borra con el tiempo, las horas y la fe.

LAS LÁGRIMAS DEL SOL

Caen, lentas, las lágrimas del sol,
gotas de fuego que besan la tierra,
ardiendo en silencio, callado dolor,
que en el desierto despiertan la espera.
Son gotas que lloran la luz perdida,
el suspiro cálido de un cielo herido,
sobre arena fría y alma dolida,
donde el tiempo se vuelve infinito.

SED DE LUZ

Después de pasar tanto tiempo en las sombras,
olvidé cómo lucía la luz;
tanto que quemaba el brillo
y me asustaba su fulgor.

Pero, por más que la oscuridad
y la noche ofrecen confort,
la luz del día llegaba
para vislumbrar el dolor.

Pero el dolor incomoda
y no queremos afrontarlo,
lo pintamos de negro
para poder olvidarlo.

Mas la luz destiñe
la densa oscuridad
para, en el amanecer siguiente,
poder volver a empezar.

LA MUJER DEL DESIERTO

Su rostro era incógnito
y su mirada también,
la mujer del desierto se desvanecía
si la querían poseer.

Como ráfaga de viento
vagaba por las dunas,
tanto por el día como por la noche
se vislumbraba su figura.

De vez en cuando la veía,
sobre todo, en mis sueños.
Pero, cuando más me acercaba,
despertaba de ellos.

Hasta que, un día, decidí no soñar
y en vela pasé noches enteras,
a ver si la podía encontrar
y llorar junto con ella.

Decían que su velo tenía el poder
de curar cualquier herida,
tanto del alma como del cuerpo.
Su mirada era un enigma.

En serio que la busqué
tanto que me cansé. Un día
pensé que, si la encontraba,
todos mis males se irían.

Hasta que, una tarde de soledad,
en medio de las palmeras
me rendí ante el intento
de intentar poseerla.

Así que, una vez dormida
entre las higueras,
una voz suave y tierna
acarició mis orejas.

Entre palabras dulces
y sus manos de agua,
me abrazó por completo
y yo sin poder mirarla.

Me recordó lo importante
que es seguir caminando
y que la verdadera magia
no está en ver el pasado.

Sus pies dicen «presente»;
y su mirada, «futuro».
De ese abrazo entendí
el misterio de su fruto.

Por años la perseguían,
sin saber que nunca la encontrarán;
pues la mujer del desierto solo llega
en el momento indicado,
bajo la hora señalada
y en ese día del año.

Cuando no la buscas, aparece;
pero también cuando más la necesitas.
Te enseña a creer en ti mismo
y en la magia que en ti habita.

Su abrazo pareció eterno
y pudimos hablar sin palabras.
Nada de lo que sucede es efímero
y lo eterno dura una ráfaga.

Después de abrir los ojos,
su silueta a lo lejos vi.
La mujer del desierto
me enseñó muchas cosas,
pero, sobre todo, a mirar por mí.

Pasaron los años
y nunca más la vi.
Llegó cuando me estaba ahogando
en mi propio frenesí.

Porque hay quienes se ahogan en el desierto,
en los mares del pensamiento,
hasta que llega ella con su velo
y se lleva lo malo de nuestro cuerpo.

Aun cuando cierro los ojos,
me parece ver
su mirada extraña
y su velo caer.

Cuando me siento sola,
repito sus palabras:
«La soledad forja
la grandeza del alma».

Y así reconfortar este pobre corazón,
que una vez fue sanado
en medio del desierto, las dunas
y el calor.

SAMSARA

Portador de vivencias
y un recorrido silencioso,
la espera en el desierto
transformó el agua en oro.

Vida y muerte
reunidas en un mismo paisaje,
el ciclo de samsara
se repite en cada viaje.

Antagónicas que fluyen
en la dicotomía de la vida,
encontrarse o perderse
es el ritual de la partida.

Y, como cualquier juego
siempre tiene su final,
dos rivales que se enfrentan
en la penumbra del umbral.

EL NIÑO QUE SEMBRÓ LLUVIA EN EL DESIERTO

Un día de esos muy lejanos,
como las típicas historias,
surgió un niño entre tantos
que quería conseguir glorias.

Y pensó que, por fin,
sería reconocido
el día en que sembrara lluvia
en el oasis perdido.

Pero la sequía del desierto
era mucho más fuerte
que cualquier siembra,
que cualquier resiliente.

Mas el niño no se detuvo
en su afanoso andar,
quería sembrar la lluvia
que a las damas hiciera suspirar.

Así que caminó y caminó
por un largo trayecto,
la soledad fue su compañía;
y la memoria, su defecto.

Hasta que, llegado a un poblado
cuyo nombre era ajeno,
encontró semillas de lluvia
para un terreno muy bueno.

Así que se las llevó consigo,
con la esperanza de recuperar
los días de lluvia
que hacen triunfar.

Porque el sol abrasador
da luz y fuerza,
pero la tormenta es necesaria
para que nazca y florezca.

Así que sembró las semillas
y las regó con sus lágrimas.
De abono puso oración
y, de fertilizante, palabras.

Y, de tanto en tanto,
empezó a llover;
mas lluvia salada
empezado a caer.

La gente llorando
al ver al cielo suspirar,
la lluvia del niño
por fin se hizo notar.

Pero la tristeza
empezó a recorrer
a toda la aldea
por la lluvia al caer.

Y es que era salada
como las lágrimas del niño.
Trajo más lágrimas todavía,
hasta que se creó todo un río.

Y de un río surgió un mar
de puras lágrimas de hombres,
que se cansaron de llorar
los pesares y desamores.

Y, de tanto en tanto, la sequía se acabó,
porque el dolor mata
y también da vida.
Recuerda que todo pasa
y todo también se olvida.

DIARIO DE UNA FLOR QUE NO SABÍA LLORAR

La melancolía arrastraba
cada esquina de su corazón,
creía que amar era imposible
para una simple flor.

Pero, por más que lo intentase,
no podía llorar,
envidiando a aquellas rosas
cuyos pétalos oía suspirar.

Así que veía
cuanto pasaba por su jardín,
mujeres que lloraban
y hombres que sollozaban sin fin.

Mas la flor seguía intentando
traducir su sufrir
en un gesto lastimero
de llorar y sentir.

Pero un día, cansada de intentarlo,
la tierra se secó.
El desierto acabó con todo,
menos con su tierna flor.

Y es que venía de un cactus
robusto y soñador
porque, cuando las bases son fuertes,
te prepara para lo peor.

Así que, mientras las rosas se secaban,
ella seguía viva.
Afrontar lo pasado
puede sanar las heridas.

Y, de tanto intentarlo,
por fin entendió
que no llora quien quiere;
sino quien sufre de dolor.

ESPEJO DE SAL

Caminé donde el mundo se calla,
donde la tierra se cubre de blanco
y el cielo, sin peso, se inclina
a mirar su rostro en el llanto.
Era sal y era espejo,
el suelo quebrado por siglos de espera,
una llanura sin huellas ni sombra,
un altar de silencio y arena.
Me miré. No vi mi reflejo,
sino el eco de todas mis huidas,
las promesas rotas por miedo,
las palabras que nunca se dijeron a tiempo.
Y, en medio de ese vacío perfecto,
algo habló —no con voz, sino con viento—;
una paz antigua que no exige nada,
una llama que no quema,
una sed que da consuelo.
Dios no bajó del cielo:
Ya estaba en el temblor de mi pecho,
en el cristal seco del suelo,
en las grietas por donde
mi alma volvía a crecer.

EL PASTOR

Siempre pensé que tierra seca era
y las semillas no florecerán,
como esas ovejas que se pierden
y el pastor las olvida en nunca más.

Así que por años estuve perdida
y no me acordaba de mi pastor.
Vagué por la vida,
lo oscuro y el dolor.

Pero un día, sin pensarlo,
él vino a rescatarme,
porque un buen pastor no se olvida de sus ovejas,
por más que los años pasen.

Pero, cuando me llevó consigo,
no sabía cómo sentirme;
estar bajo su abrigo
era volver a redimirse.

Y, después de un tiempo,
puede entender
que era necesario perderme
para volver a nacer.

RELOJ DE ARENA

Todo tiene su tiempo
y todo bajo el cielo tiene su hora.
Los relojes son perfectos
y los minuteros no se equivocan.

Las agujas del reloj
cosen cualquier herida,
los segundos son vitales
para comprender la vida,
los granos de arena caen
y la soledad los hace más lentos,
la compañía acelera,
pero hay temporadas de silencio.

Pero damos nueva vuelta
al viejo reloj
y vuelve a empezar la vida.
El tiempo ya corrió.

CUANDO EL SILENCIO ME LLAMÓ

Me fui al desierto sin mapa,
cansada de voces que no eran mías,
de espejos que me devuelven
un rostro prestado, sin raíz y con espinas.
Solo el sol sabía mi nombre,
solo la arena escuchaba mi llanto.
La soledad, tan temida,
me recibió sin juicio, pero con tacto.
Allí no hubo testigos,
ni relojes, ni deberes;
solo el viento diciendo verdades
que nunca sobran, siempre hieren.
Caminé por dentro más que afuera.
Y, cuanto más dolía el vacío,
más se abría una puerta sagrada
hacia mi propio abismo.
No me perdí. Me desnudé.
Me quité las capas, los miedos,
las palabras bonitas, los «deber ser»
y los «si hubiera sido en ese momento».
Fui raíz.
Fui grieta.
Fui polvo.
Fui verdad.
El desierto no me habló con milagros,
me habló con mi propio reflejo
y entendí que, a veces,
para encontrarse,
hay que perderse por dentro.

LA PROMESA DEL OCASO

Un día el ocaso me prometió el olvido,
ese que tanto anhelaba;
borrar el pasado
y avanzar sin peso, pero con ganas.

Le creí sus palabras,
mas el tiempo pasó.
El pasado seguía siendo presente
y el presente nunca existió.

Cansada de vivir en las memorias
y de ya no crear recuerdos,
increpé al ocaso
por mentiroso y, a la vez, por lastimero.

—¡Dijiste borrar los recuerdos!
Pero me has engañado.
Sigo pensando en antes
y el presente ya no lo aclamo.

Pero seguía sin responder
a mis innumerables quejas,
solo seguía en el horizonte
con una mirada tranquila y serena.

Pasaron así los meses
y, con ellos, los años,
hasta que, un día, dejó de doler
lo que antes hacía daño.

Así que entendí
la promesa del ocaso:
Él llega a su fin
y borra todo a su paso.

Así como se oculta
detrás de las montañas,
da paso al nuevo día
y al amanecer con las almas.

POLVO QUE RECUERDA AL CIELO

Del polvo fui nacida,
sin corona, sin nombre,
solo el soplo de un misterio
que habitaba los montes.
Camino con pies de barro
sobre tierras quebradas,
y cada paso me recuerda
que también soy ceniza
que anhela ser amada.
Dicen que, al final,
todo vuelve a la tierra,
pero yo he visto el polvo elevarse
cuando el viento lo eleva.
He visto el cuerpo doblarse,
pero también el alma
hacerse raíz y vuelo
y convertirse en llama.
No temo volver al polvo,
porque en su humilde silueta
están el eco del principio
y el susurro de Dios, que espera.

Polvo…,
pero no olvido:
Polvo que amó,
polvo que soñó,
polvo que, al morir,
un día lejano, despertó.

OLGA

Anoche me dijo el desierto
que me acostara a dormir,
que no estuviera pensando
en quien no pensaba en mí.

Quién ha sido mi querer
nunca sabrás en concreto,
hay que abrirme el corazón
para sacarme el secreto.

Nunca digo «bien estoy»,
que yo también supe estar.
Hoy me encuentro sola y triste
como la arena del mar.

Amor mío, no me olvides,
que yo no te olvido nunca
y, si acaso te olvidara,
la muerte tendría la culpa.

SOMBRA

Caminé
donde el sol no tenía piedad,
donde la tierra no daba tregua
y el cielo parecía cerrarse sobre mí.
El desierto me habló
con su lengua antigua de grietas,
con su aliento de polvo y sal
y su silencio lleno de presencias.
No había árboles,
ni manos,
ni nombre para el miedo.
Solo yo,
una figura deshecha en luz,
persiguiendo respuestas
que no sabía cómo preguntar.
Y entonces,
entre dunas que susurraban mi nombre,
apareció ella:
Una sombra diminuta,
delgada como un perdón,
frágil como una promesa sin cumplir.
Me arrodillé junto a ella
como quien encuentra un altar,
y el sol, sorprendido,
me dejó reposar.
Allí supe
que no todo lo que da vida es visible,
que la sombra no es ausencia,
sino presencia callada,
abrigo sin forma,
madre sin rostro.

En su frescor breve,
vi las lágrimas que no lloré,
las palabras que callé,
las veces que creí estar sola
y, sin embargo,
Dios caminaba detrás de mí,
dejando huellas que el viento no borraba.
Me recosté
y soñé con agua,
con un canto de mi infancia
que me devolvía el alma al cuerpo.
El desierto, entonces,
se volvió templo.
Y la sombra,
mi revelación.
Porque hay milagros
que no vienen con relámpagos,
sino con quietud.
Porque hay encuentros
que solo ocurren
cuando aceptamos perdernos.

ELLA

Todos la temen por su paso
y su andar lastimero,
recorre dunas enteras
en busca de un nuevo dueño.

Es de corazón frío
y mirada perdida.
Cuando resulta su encuentro,
puedes darte por perdida.

Pasamos la vida entera
huyendo de su sombra;
mas, como un general,
su listado es la norma.

Sabe la hora exacta
y la fecha de la cita.
Nunca llegas tarde
ni temprano, ella avisa.

Aunque otras tantas veces
aparece de improviso,
se disfraza de personas
que en la vida tú has visto.

Pero infalible es
como la hoja del cuchillo,
con hoz en mano camina
por la noche en vilo.

Una vez me enamoré de ella
en plena soledad,
pero buscarla no tiene sentido;
ella te ha de encontrar.

Así que, lentamente,
dejé de buscarla.
Ella encuentra a quien busca
y odia a quien la llama.

Muerte es su nombre,
aunque eso ya lo sabían;
tan hermosa como la noche
y diferente a la luz del día.

No sé cuándo será nuestra cita
en este árido desierto,
la soledad me avisa
de si en su lista aparezco.

ESPEJISMO

No sé si fue el calor del desierto
o tus vagas palabras,
que creí cada promesa;
aunque siempre fueron vanas.

Y por mucho tiempo vagué,
gritando tu nombre,
hasta que un día me quedé sin agua
en la solitaria noche.

Mientras otras flores arrancabas
y crecía tu querer,
entre cactus me encontraba
por huir de tu dulce miel.

Muchas noches me dolió
nuestra amarga despedida,
pero creer en tus palabras
era la mejor mentira.

Así que me tocó borrar tu rostro
y soñar con tu partida.
Dios mira cosas que ignoramos
y así nos salva la vida.

ARENA

Se caía entre mi mano
cada pequeño granito,
como las estrellas infinitas
sentía el cielo mismo.

Pero lloré tanto
que humedecí el suelo que pisaba,
que la arena se transformó en lodo
y, luego, en mansa agua.

Pero los días de sol secan
hasta el mar más extenso,
se puede volver a empezar
en cada día nuevo.

COMO LA HIERBA VERDES SE QUEDARÁN

No te impacientes a causa de los malignos, alma mía,
cuando los caminos ajenos
parezcan más fértiles
que tu árido desierto.
No envidies el jardín del impío,
ni sus hojas altas al mediodía rebosantes,
porque como la hierba verde se secarán,
como la hierba no florecerán.
El Señor no se olvida
de quien siembra con lágrimas
en días tristes,
quien hoy camina sin sombra
será sombra para otros
cuando llegue el sol más fuerte.
Confía en el tiempo eterno
y en el Dios que riega los pastos,
lo que el mundo llama seco
es porque no han esperado.
Y, aunque ellos florezcan pronto
y tú parezcas estéril,
como la hierba serán cortados.
Tú verás el brote de lo justo
nacer en tu pecho.

ROCA

En medio del polvo,
cuando el alma crujía sedienta
y el horizonte no prometía sombra,
allí estaba Ella:
La Roca firme,
la que no huye del sol,
ni se parte con el viento.
La arena cambiaba de forma,
el día devoraba mis fuerzas,
pero la Roca no se movía.
No era piedra común,
era Verbo encarnado,
Palabra viva tallada en silencio
por manos eternas.
Cuando la esperanza fue un espejismo,
ella fue mi verdad.
Cuando el ruido del mundo me aturdía,
ella fue mi eco suave,
mi refugio seco,
que hacía llover por dentro.
Me senté junto a ella,
como un niño cansado,
y aprendí que no solo de pan
vive quien atraviesa el desierto,
sino de cada sílaba
que nace de Dios.

ERRANTES

Eso lo entendí en mi travesía por el desierto.
Llegó cuando menos lo esperaba, pero justo cuando más lo
necesitaba.
Una vez tomé ese avión, supe que no había vuelta atrás
y, aunque creí que la soledad —mi vieja enemiga— vendría con
aspereza,
se presentó de forma suave, casi maternal.
No me hirió, me sostuvo.
Ese viaje espiritual me permitió cruzarme con otras almas errantes,
que, sin saberlo, me regalaron lecciones de vida.
No puedo decir que soy una nueva persona,
porque siempre queda algo que pesa;
pero, al menos, aprendí a caminar más ligera.

DANZA DEL VIENTO

Estuve sola,
más sola que el eco en una cueva vacía,
más leve que la arena que no sabe a dónde va.
El mundo callaba
y solo quedaban mis pasos descalzos
sobre la espalda abierta del desierto,
dejando huellas que se borraban a mi paso,
como mi caminar en este mundo.

Lloré.
Lloré hasta que la sal de mis lágrimas se hizo espejo,
hasta que mis huesos se volvieron oración.
Fui una grieta,
una vasija rota
que ya no sabía contenerse,
donde el agua salía por cada llanura.

Pero el silencio,
ese mismo que tanto temí,
me enseñó a oír a Dios como nunca lo había oído
dentro del pecho.
Y así entendí
que no todo lo que cae se rompe,
que no todo lo que duele es castigo,
que Dios permite el dolor, pero nos aleja del veneno.
Fui semilla bajo el polvo.
Me levanté no con fuerza,
sino con fe.
Y aquí sigo:
Atravesando el duelo,

con las manos llenas de ausencias,
pero el alma viva,
milagrosamente viva, aunque quebrada muchas veces.
Porque, aunque no siempre lo vea,
Dios nunca ha dejado
de hacer florecer el desierto.

ONAGRA

Nadie espera belleza
donde el mundo arde;
pero tú,
tan frágil y callada,
despiertas bajo el peso del sol
como si la arena fuera cuna
de tu esplendor.
No haces ruido,
no pides nada,
solo floreces,
aun sabiendo
que no durará
y que lo efímero
tarde o temprano terminará.
Y así,
con cada pétalo que se abre,
recuerdo que también yo
puedo crecer
donde antes solo dolía.

ÍNDICE